たとえば「孤《こ》独《どく》」。

孤独感て、確かに、
つらい。

寂しさも、
虚《むな》しさも含まれてるし。
心にぽっかり、
穴が空《あ》いたような気持ちになります。

そこに焦《あせ》りもありますよね。

でも、
この孤独感は、
とても重要な役割を持っている
と思うのです。

僕たちは人間社会の中で、
揉《も》まれながら生きています。

人間関係での悩みを、
持ったことがない人は、
いないでしょう。

人間は、
「人」の「間」と書きますから、
人と人の間に挟《はさ》まれて、
右往左往して生きているのが、
僕らです。

もちろん、
それによって成長したり、
楽しむことができる。
でも、逆もしかりで、
苦しみや悲しみも感じます。
人間社会は、ノイズまみれ。
不協和音もたくさんあります。

つまり、
孤独は人間社会から、
いったん脱する行為。

インターネットにつながってるのを
ＯＦＦにする感じです。

孤独になることで、
孤独感を感じることで、
毒抜き、と言えば言いすぎでしょうか。

人間社会からＯＦＦることで、
最初は、孤独感を感じるかもしれませんが、
だんだん孤独感は和《やわ》らぎ、
孤独を楽しめるようになると思います。

理想としては、
人間から離れて、
他の生命体や地球や宇宙とつながる、
と言ってもよいかもしれません。

このOFFる時間の長さですが、
一日のうちの
ちょこっと時間でもよいし、
あえて一年とかでもありだ
と思っています。

大胆にＯＦＦることもありかなと。

レッツ孤独。

あえて「孤独」を、
ポジティブに語ってみました。

はじめに――「ネガティブ」で「ポジティブ」を極める

ちょうど10年前。

僕は『ポジティブの教科書』という本を出版しました。

「ポジティブ」というと、それは性格で、ポジティブになろうとしても、「自分には無理なんだ」と思っている人が多いのではないでしょうか。

でも、そうじゃない。

「ポジティブ」は性格ではなく、「技術」であり、「選択」の結果なんだということに気づいたとき、僕自身の人生が変わっていきました。

そう、いまでこそ、まわりからポジティブと言われる僕ですが、もともとポジティブな人間だったわけではありません。

それこそ、書を何度も何度も書くように、ポジティブの習慣を何度も何度も繰り返して、ポジティブの技術を身につけ、ポジティブな選択ができるようになったのです。

その習慣はどうすれば、身につけられるのか。

それを書いたのが、『ポジティブの教科書』であり、この10年だけでも、30冊以上の本を書いたのですが、僕の伝えたいことは、全部、そこにつながっている、といっても過言ではありません。

じゃ、なんで今、「ネガティブ」なのか?

『ポジティブの教科書』の「おわりに」では、僕は次のように書いています。

「ポジティブというと、『後ろは見ないで、前だけを向いていこう』みたいなイメージを持たれることが多いのですが、それではバランスが崩れてしまいます。安定した質の高いポジティブのためには、前だけを見るのではなく、様々な面を見ながら、受け入れたり、受け流しながら、豊かな精神をもって前に進んでいく力が必要になってきます。」


いま、僕たちが生きている世界は、それこそがネガティブなことだらけです。

厳しいときは、リスクマネジメントして、ネガティブは必須です。

ネガティブは、未来のあらゆるリスクから守ってくれる仲間なんです。

それなしには生きられない。

前だけを見るのではなく、「ネガティブ」についても知り、それを考えることで、真のポジティブを自分の中に取り入れることができます。


人生は一度きり。

自分の人生は自分で生きていくしかありません。

僕は、本当のポジティブになって、この人生を楽しく生きています。

言い換えれば、ポジティブになることで、楽しい人生に変わっていったのです。

「それは、双雲さんだからできることじゃないですか？」

「いまの時代では無理じゃないですか？」

という人にこそ、この本を読んでほしい。

僕が伝えたいことが、「本当にそうだった」と感じてほしい。

ネガティブが仲間なら、それと仲良くなってみる。

それを否定したり、それに蓋《ふた》をするのではなく、それと向き合ってみる。

そのために、この本はあります。


さあ、始めましょう。

もくじ

第3章

自由と不自由

第4章 消えない不安

第5章 油断大敵

第6章（弱い自分）

第7章（怒りと抑制）

第8章 義務の呪縛

第9章 混乱の時代

ネガティブの教科書

気持ちが楽になる生き方

第1章

苦しい世界

苦しみは、なぜ減らないのか

「四苦八苦」という言葉があります。
簡単に説明するなら、最初の「四苦」は次の通りです。

❶生まれたことによって背負う苦しみ
❷老いていくことによって生まれる苦しみ
❸病気や痛みによって悩まされる苦しみ
❹死への恐怖、先行きの不安から来る苦しみ

もともとお釈迦《しゃか》様が、生まれ育ったお城から世の中に出たときに、この「四苦」を知っ

て、出家を志したといわれています。

仏教では、次の4つを加えて、「四苦八苦」としています。

❺愛別離苦《あいべつりく》──親やきょうだい、家族など愛する者と別離する苦しみ
❻怨憎会苦《おんぞうえく》──怨《うら》み、憎《にく》んでいる人に会わなければならない苦しみ
❼求不得苦《ぐふとくく》──求めるものが思うように得られない苦しみ
❽五蘊盛苦《ごうんじょうく》──肉体と精神が思うようにならない苦しみ

仏教の根本は、「苦しみとは何か」という哲学と、そのソリューション（解決法）だったと思うんです。

お釈迦様がいつ出家したのかは定かになってはいませんが、とりあえず仏教の起源は、紀元前6世紀くらいとされています。

それから、およそ2600年がたっているわけで、この長い年月をかけて、人間

は苦しみについて考え、そこから抜け出す方法を模索《もさく》してきた、といってもいいでしょう。そして、それは言うまでもなく、仏教に限ったものではありません。

苦しみというのは「気が苦しい状態」で、それに悩む人を「お気苦《きく》さん」と僕は呼んでいるのですが、遠い昔から現代までを見たときに、苦しみは減っているのか？　というと、そうではない可能性があります。

時代の流れの中で、進化なり進歩なりがあるとすれば、人間の苦しみだって、お釈迦様の時代よりは減っていていいはずです。

でも、苦しみは減るどころか、むしろ、現代のほうが増《ふ》えているんじゃないか――僕は、そんな気がしています。

なぜ、そんなことになっているのかといえば、情報が増えたからです。

情報量が増えたことによって、僕たちは、多くのことを知ることができるようになりました。そこに、苦しみが増えた原因があるように思うんです。

自分のいる状況

お釈迦様の時代にさかのぼるまでもなく、僕の子どもの頃、学生時代を振り返っても、当時と今では、その情報量には雲泥《うんでい》の差があります。

大きな違いは、言うまでもなく、インターネットの普及です。

インターネットが入り込んでくる前の僕たちの生活は、いまよりもずっとシンプルでした。見えているもの、知っていることが限られていたからです。

たとえば僕なら、熊本の、一つの家庭に生まれて、そこで育つ。「家」といえば、自分の家族がいる場所であり、「学校」といえば、自分が通《かよ》っている、その学校のことでした。その学校での友達とか部活とかといった狭いコミュニティの中でしか、僕たちは過ごしていなかったわけです。

それは、子どもだけでなく、大人だって、たいした差はなかったでしょう。ニュースで、他の国や地域の出来事を知っても、それは「よその話」で、テレビの中の世界は、まさに「別世界」でした。

そのほうがよかったということではありません。

あくまでも、時代の違いをお話ししているのですが、インターネットが入り込んでいちばん大きく変わったのは、自分たちのコミュニティを客観的に見ることが増えたことじゃないかと思うんです。

たとえば、企業ランキング、年収ランキング、各国の幸福度ランキングなんてものは、30年前にはなかったものです。

インターネットの普及によって、自分のいる状況が、驚異的なスピードで数値化されるようになった。「ランキング情報」はその最たるものの一つでしょう。

数値化というのは、ネガティブをつくりだす一つの要素です。

なぜなら、それによって比較が生まれるからです。

比較によって引き出されるネガティブが、どんどん増えているのです。

わかりやすい例をあげるなら、インターネットよりも以前に普及した数値化に、「偏差値」があります。

偏差値は、1960年の中頃から出てきて、1970年ぐらいから一気に浸透《しんとう》していきました。つまり、学校、クラスの中で、自分の位置が数字によって決まるわけです。クラスに30人、40人の人間がいるとして、その中で、なんとなく勉強できる子、できない子というのがあったとしても、数値化されていなければ、そこは曖昧《あいまい》でしょう。順位を決めたところで、クラスの中、あるいは、せいぜいが、その学校の中のことです。

ところが、偏差値は、全国区でも出されます。自分の位置というものが、それによって決められてしまうところがつらく、厳しいのです。

学校内でのヒエラルキー（階層構造）は、偏差値の高い低いにかかわらず、誰もが感じるものでしょう。クラスの中で、勉強ができるできない、走るのが速い遅い、モテるモテない……などなどがあって、自分というものを知っていく。それが「社会」を知ることの最初だったとも言えます。

それが「偏差値」という数字で評価されるようになっていったわけです。

数字で比較されるようになる、というのは、想像以上に大きなことだったと僕は思います。

それが、学校だけじゃない。あらゆるジャンル、あらゆる角度から「自分のいる状況」を数値化されている、というのが、いま、ここにあるわけです。

現代における3つのネガティブ

僕たちの毎日には、洪水《こうずい》のようにネガティブ情報が入ってきています。その量は驚くほど多くて、江戸時代なら一生分の情報を、たった一日で受けとっているると言われるほどです。

情報量が多いと、喜びの数も増えているように見えて、じつは、それと同じくらい「知らないほうがよかった」ということも、たくさんあるわけです。

前で仏教の「四苦八苦」についてお話ししましたが、現代のネガティブは、大きく分けると、3種類あります。

1つめのネガティブは、「生物としての苦しみ」です。

それとは別に、「人間だけが持つ苦しみ」が2つめのネガティブです。

そして、3つめのネガティブが、この「情報化社会における苦しみ」です。

情報が増えると、苦しみが増えるというのは、たとえば「うつ病」という情報が入ることで、ただ落ち込んでいたという状態が、「自分は病気なんだ」という認識に変わることがあります。

病名が増えることで、病気が増える、ということがあるわけです。

病気が増える、つまり病気として認識されると、薬や治療法も増えます。

それによって助かる人たちもいるわけですから、「情報」がすべて悪い、ということではありません。

苦しみが増える一方で、喜びも増えます。

喜びが増えると、そこに期待も生まれます。

期待が生まれると、課題が増えます。

中途半端な苦しみ

どんな苦しみも、つらいことには変わりがないわけですが、中途半端に苦しい状態が長く続いているとき、これはかなりつらい。

たとえば、近くにイヤな人や物事があり続けているとすると、最終的な選択肢は、2つしかありません。

1つは、逃げる、離れる。動物たちは、危険だと思ったらすぐに、その場から離れます。

もう1つは、腹を据《す》えて、その苦しみと対峙《たいじ》するのです。

対峙《たいじ》することで、その苦しみをすべて受け入れる。そこで、「じゃあ、どうするのか」とアクティブになれれば、もう、苦しみはだいぶ乗り越えている、という段階に入っているでしょう。

2つのうちのどちらを選んでも、少なくともいまよりは気持ちが楽になるはずです。いちばんつらいのは、逃げることもせず、向き合うこともしない。ただただ、「イヤだ、イヤだ」と思いながら、苦しみを抱《かか》え込むことです。

苦しみを抱え込むというのは、ずっと「痛み」を持って歩いているようなものではないでしょうか。

人間であれば、誰でも、何かしらの苦しみを抱えています。

問題は、それとどう向き合えるかだと僕は思います。

だから、まずは自分で、その苦しみを認めることが重要です。

ごまかしたりしないことです。

ずっと僕たちは、苦しみから逃げるように生きてきました。

だから、ごまかすのが、じつは得意なんです。

でも、せっかく苦しみがそこにあるのだとしたら、それと向き合っていきましょう。

というのも、「苦しみ」は、じつは、「なにかズレているよ」のサインなんです。

ちょっとポジティブ寄りの話ですが、つまり、いまが苦しいというのは、チューニングのチャンス、改善のチャンスだということです。

自分が苦しいことなんて、できれば向き合いたくないのはわかります。

でも、

「なんで、こんなにうまくいかないんだろう」

「なんで、私ばっかり、こんなに苦しい目にあうんだろう」

というときは、気づきの絶好のチャンスなのです。

ゲーム感覚で

この世には、「苦しみ」という名の下《もと》に、「お題」が来ます。

これこそ、神様からの課題。

そう、このゲームは神様から仕掛けられたものです。

——と、考えてみるのはどうでしょう?

あえてゲーム感覚で、それをするのです。

「第2問、チチチチチ……さあどうする?」というように。

そうして、「わ、やっぱり、2つめの苦しみ発見!」となったら、それも素直に認めてゲームに変えていきましょう。

このゲームは、「気づきの促《うなが》し」「次へのステップ」につながっていると思えたら、いまの苦しみを、知らず識《し》らずのうちに乗り越えられているかもしれません。

『聖書』には、「神は乗り越えられる試練しか与えない」というような教えがありますが、それは本当だと僕は思います。

そして、あなたに来ているのは、あなたが乗り越えられる苦しみです。

「簡単に乗り越えられる苦しみ」は、そもそも苦しくないので、「苦しみ」として認識されないでしょう。

「乗り越えられない苦しみ」は、もうどうしようもできないから、あきらめるしか方法がありません。

対策のしようがあるから、自分の苦しみとしては成り立っているわけです。

つまり、ちょうどいい苦しみしか、僕たちには来ないということなんです。

第2章

居場所がない

孤独感が生まれるとき

僕が、「自分はＡＤＨＤなんだ」と認識したのは、40歳を過ぎてからです。

最初は妻が新婚旅行で、僕のことをＡＤＨＤじゃないかと疑い始めたんですが、僕にその自覚はなく、妻が言っていることも理解できませんでした。

それが２０１６年くらいに、たまたま、アインシュタインがＡＤＨＤだったのではないかという記事を見て、初めて「ＡＤＨＤ」という言葉に興味を持ちました。

検索すると、診断サイトが出てきて、試してみたら、「自分の説明書みたいだ」と思うくらい、ほとんどが当てはまったんです。

あらためて説明すれば、「ＡＤＨＤ」は発達障害の一つで、その特性は、不注意、多動性、衝動性《しょうどう》があるとされています。日本名では「注意欠如・多動症」「注意欠如・

多動性障害」などと呼ばれます。

後に、昭和大学附属烏山病院病院長の岩波明先生とお会いして、「確実にＡＤＨＤでしょう」と言われたことで、とても気が楽になりました。

子どもの頃から、「ちゃんとしなさい」と言われ続けてきたのですが、そういう性質だったんだと受け入れることができたのです。「ＡＤＨＤ」という言葉に、僕は救われたわけです。

同じＡＤＨＤでも、人によって特性の出方はそれぞれです。

僕の場合は、多動性、衝動性を強く持っています。

仕事の打ち合わせなど、座って話していても、手だったり足だったり、からだのどこかしらが動いています。

衝動的に、何かをやろうとするんです。

突然、まったく関係ない話を始めたり、絵を描きはじめたりすることもあり、びっくりされることがよくあります。

そんな自分のことが、子どもの頃から、よくわからなかったんです。

振り返って考えてみると、たぶん、明るかったので、まわりからは友達がたくさんいそうに見えていたと思います。

多動だから、たとえば教室のすみで、どんよりしているタイプではない。

いつも笑って楽しそうに過ごしている、というのが、僕のまわりから見たイメージだったと思います。

親も、きょうだいも、同じように見ていました。

だから、じつは孤独だったと言うと、誰にも信じてもらえないのですが、僕の中では、いつも一人でした。

だからと言って、そのことを深刻に考えていたわけではありません。

孤独感はあっても、明るくしているうちに、いつのまにか消えてしまう。

たとえ深刻になっても、それが長く続かない。

どんな子どもでも、生まれてから10歳くらいまでは、自分中心に生きています。

それが、突然、変化が始まります。

勉強ができるできない、モテるモテないといった比較競争が入ってきて、自分中心にはなりにくくなっていくわけです。

ところが僕には、そうした感覚がとても鈍《にぶ》かった。

おかげで、それに巻き込まれることはなかった、という面ではよかったのですが、まわりのいろいろなものについていけない、というところで、孤独感を感じていたわけです。

空気が読めない

「ついていけない」

まわりの人たちと同じことをしても、同じように進められないと思うと、「ついていけないこと」に焦り、孤独感どころか、劣等感《れっとうかん》さえ感じて、自分を責めてしまうことがあります。

ただし、それは、自分が「ついていけてない」ということがわかっているからこそ、感じるものです。

人は、わからないものには焦らないものです。

わからないから、焦りようもない、というわけです。

僕は、小学校から、中高生まで、そのわからない状態が続いていました。

たとえば部活で、たとえば「チーム一丸《いちがん》となって、がんばろう」と言われても、その気になれないのです。

勉強では、たとえば宿題は、いつも忘れてしまうのです。「なんでやってこないんだ」と言われても、「すっかり忘れていた」というのが真実で、それ以外の理由などありません。

体育を含めて、学校の授業や活動で楽しめたことは、まったくと言っていいほど、なかったのです。

ゲームをしたり、マンガを読んだりしているとき、それに夢中になっているときには楽しかったと思うのですが、友達との関係性がうまくいっているということもないので、なにか「合わない感じ」をずっと抱えていたように思います。

その意味では、ずっとネガティブでした。

でも、傍目《はため》には明るいので、むしろポジティブに見えていたでしょう。

いまの自分と比べれば、10代の自分は、暗く、孤独な存在なのですが、だからと言って、うつになったり、自殺を考えたりしていたわけじゃない。登校拒否することもなく、学校にも毎日、通っていました。

それでも、空気が読めない――まわりの人たちから自分だけが浮いているような感覚は、つねにありました。

その頃のことで思い出すのは、夢です。

当時、よく見る夢がありました。

それは、僕だけが進まない夢。

みんなが掃除をしているのに、僕だけ、それができない。

みんなが空を飛んでいくのに、僕だけ飛べない。

宿題を出しなさいと言われて、自分だけが宿題をやっていない。

毎日のように、そういう夢を見ていました。

宿題を忘れた夢は、40代の今になっても、ときどき見るくらいで、そんな夢を今でも見る自分にびっくりします。

当時の僕にとって、まわりの人たちについていけないことが、何より大きな問題だったように思います。

そういう感覚は、僕に限ったことではなく、いま、この本を読んでくれているあなたにも、あるものかもしれません。

「ついていけない」

そんな自分に、焦らないでもいいよ、っていうのが、まずは、いまの僕から伝えたいこと、かな。

反応に戸惑う

「あの人は、どうして、こんな態度をとるんだろう？」

「なんで、この人は、こんなことをするんだろう？」

「なんで、そういうふうに思うんだろう？」

たとえ親子でも、パートナーでも、職場の仲間でも、取引先でも、お互いに理解できないことはよくあることです。

人は皆、そこに行くまでの背景が違うのです。

たとえば、筋肉を鍛《きた》えている人は、自分の意味で鍛えているわけです。

運動したり、食事制限をしたりするわけですが、「そこまでつらい思いをしてやる意味がわからない」という人もいるでしょう。

「我慢すること」に美学を覚える人もいれば、「理解できない」という人もいます。

おそらく、どちらにもそう考える、その人なりの理由があるはずです。

たとえば、エアコンをつける、つけないというようなことでも、その対応は人によってさまざまでしょう。

「暑いのはイヤだ」と思いながらも、地球温暖化に対して心配していたら、自分の苦しみより、エアコンをつけない、という選択をするかもしれません。

なぜ、その人がそうするのか？

その人に対してイライラしたり、その人を変えようとしたりしても、キリがありません。

人間は、どんな人でも、そこに到達するまでの判断のルートが違うんです。

それぞれが生きてきた環境も違うし、選択してきたことも違う。

それによって気づいてきたこと、見てきた解釈も違う。

行動も思考も、違うのです。

いま、たまたま一緒にいるということだけで、同じ人間だからということだけで、なんとなく「同じだろう」と思うかもしれませんが、僕たちは、一人ひとり、まったく違う世界を生きています。

それに気づくと、気持ちは楽です。

自分と違う人がいると、その人を変えたくなるのは、ある意味、本能とも言えますが、でも、その人は、遺伝子も含めて、いろいろなことがあった中で、脈々とそこに存在し、今その発言をしたわけです。

そして、それは、相手だけでなく、あなた自身も、そういう存在だということです。

まさに一期一会《いちごいちえ》ですね。

人は変えられない

「鈴と、小鳥と、それから私、
みんなちがって、みんないい。」

と詩にしたのは、昭和の初めに夭折《ようせつ》した童謡詩人の金子みすゞさんですが、人も同じ、そもそもが、みんな違います。

おたがいに少しずつズレているのを、調整しているわけです。

僕は、人に対して腹を立てるということは、ほとんどないのですが、それは、その人の後ろには、何かあったんだろうと思って見ているからかもしれません。

自分にとっては理解できない言動も、その人の後ろにあるものを知ったら理解できるかもしれません。

だからと言って、その「後ろにあるもの」を無理に知ろうとは思いません。

たまたま、なにかのタイミングで、それを知ることはあっても、自分から探《さぐ》ったりすることはありません。

そんなことをしても、キリがないと思うからです。

人間は、そう単純にはできていません。

本気で、その人のことを知ろうとしても、その人の人生すべて、その人と関わる人とのすべてを知ることはできないでしょう。

その人の問題は、その人にしかわからないものです。

人に否定されるのは、つらいものです。

そのことに傷ついたり、相手に対して恨《うら》むような気持ちを感じたり、というのは自然な反応です。

なぜ、そんなことをされたのか。

人は、理解できないものには、不安になります。

怖いと思う。攻撃的であれば、なおさらです。

でも、理解できないことを受け入れられたら、人間は楽になれるんです。

人を変えようとしても、それはできないでしょう。

相手を変えようとするのは、じつは苦しみを大きくすることなんです。

でも、自分は変えられます。

相手と話をして、その行動が変だと思っても、「合わせられること」も見つかるかもしれません。

自分のほうは、変えられる。

相手は変えられない。

相手を変えようとすると、なぜか悪化します。

けれども、不思議と、こちらが変わると、向こうも変わるものです。

自分を変えるときに気をつけるポイントは、自分を責めないこと。

ポジティブな気持ちで、変化を楽しむことです。

ネガティブなことがきっかけで、新しい道が開く。そう考えると、ネガティブは有り難《がた》いものです。

第3章

自由と不自由

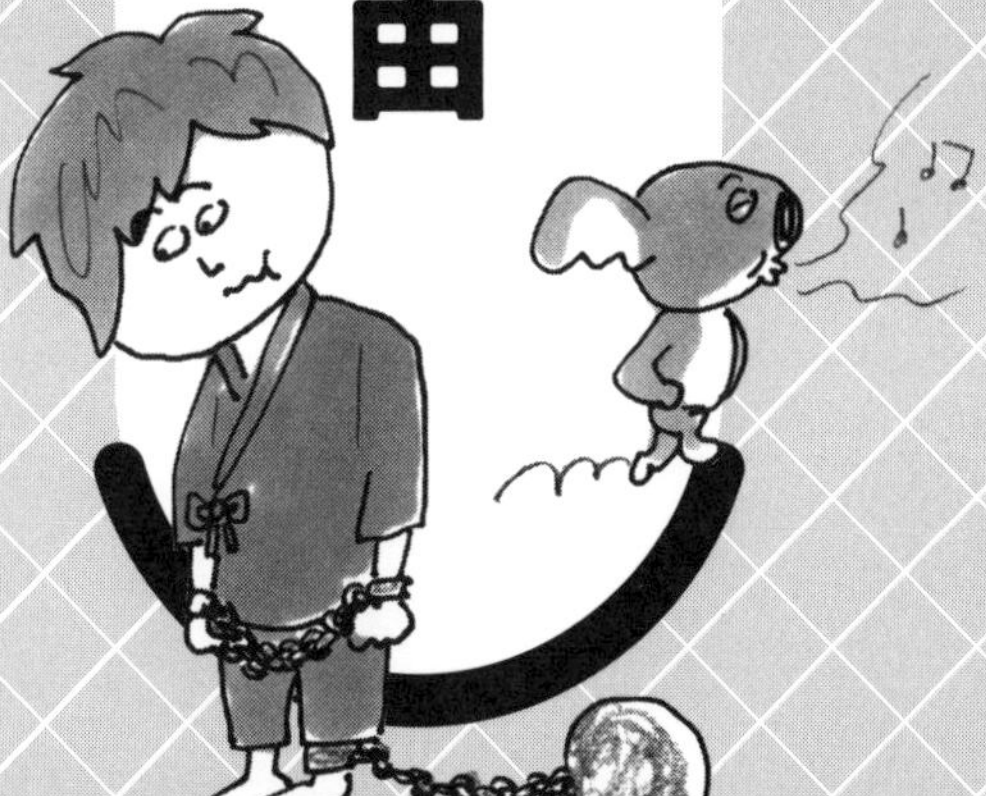

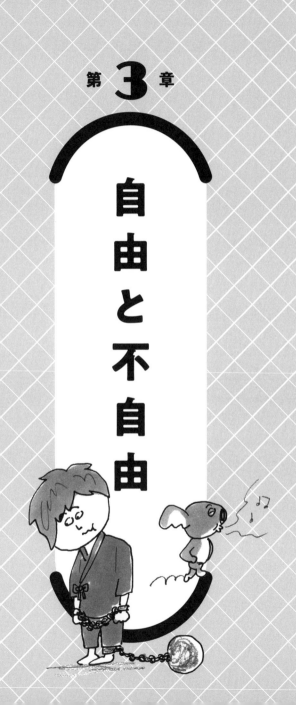

選択肢が多すぎる

個人の時代が来た、ということがいわれます。

働き方、ライフスタイルが多様化して、自由になっています。

人によって、それは、とてもいい意味合いなのですが、自由になったことで、選択肢が圧倒的に増えています。

選択肢が増えると、比較が増えます。

ショートケーキしかなければ、それを難なく選べますが、そこに「チーズケーキもあるよ」となると、どちらにしようか、となるわけです。

ショートケーキかチーズケーキなら、たいして悩むことはないでしょう。むしろ、それを悩むのが楽しいということもあるかもしれません。

でも、それが転職先を見つける、となったらどうでしょうか。

昭和から平成、そして令和と時代が変わる中、この30年ほどで何が起きたかと言えば、職業選択の自由が増えたということも、大きな変化の一つです。

いまは大転職時代と言えるほど、「転職」が加速しているように感じます。

30年前というのは、僕の感覚的なことで言えば、まだ終身雇用制が残っていて、就職したら、定年まで勤め上げる。少なくとも、そんな思いをもって就職したように思います。

でも20年前、10年前となると、そういう感覚は薄れていきます。よりよい条件を求めて、転職するのは当たり前と考える人のほうが多いのではないでしょうか。

そして、コロナ禍で、人材の流動性はさらに加速しています。

人材派遣の会社が大きく躍進《やくしん》していることからも、それはわかると思います。

「職業選択の自由が増えた」というのは、「ライフスタイルの自由が増えた」という言葉に置き換えられがちです。

言葉が変わることで、悩みが深くなるということもあります。「職業」を選ぶより、「ライフスタイル」を選ぶというほうが迷ってしまう、ということはありませんか。

昔は、そんなことで悩む必要はなかったのです。

選ぶ前に決まっていた、ということもあるし、選ぶにしても、それほど多くの選択肢があったわけではなかったからです。

いまは、お手本が増えすぎて、選べない。

職業もライフスタイルも自由に選べるとなったら、その選択肢が多すぎるのです。

自由のネガティブ

たとえば、「家を建てる」というとき。

昔なら、おおよそのかたちが決まっていました。

いまは、北欧風もあれば、アメリカンもある。和モダンもある。鉄筋コンクリートもあれば、ログハウスもあります。

もっと細かいところで見れば、ドアノブを選ぶのにも100種類以上あります。

そもそも家を建てるなんて、経験がない人がほとんどでしょう。

それこそ一生に一度と思って家を建てようとするときに、どれだけの選択をしなければいけないか。「自由」には、その自由が自由であればあるほど、選択肢は増え、比較が増えていくわけです。

自由が増えたということでは、セクシュアルマイノリティ（性的少数者）「ＬＧＢＴＱ」も増えました。

昔は、そんな言葉すらなく、それによってつらい思いをした人もいたと思いますが、こうした自由が増えることはいいことです。

ここで念のためにお話ししておくと、自由になったことの良し悪しを言っているのではありません。

どんなことにも、いい面があれば、悪い面もある。

ポジティブがあれば、ネガティブもある、ということです。

逆に言えば、ネガティブがあるから、ポジティブがある。だからこその、この『ネガティブの教科書』です。

話を「自由」が増えたことに戻せば、海外移住する人も増えています。

海外まで行かなくても、たとえば首都圏で働きながら、住まいは地方に、という人も多くなっています。その逆の人もいるでしょう。

選択の幅が爆発的に広がっている――。

それが、いまという時代の特徴です。

おかげで、喜びや幸せが増えたという人がいる一方で、それによる苦しみも増えているはずです。

選択できる自由を得たことで、選択できない不自由さを感じているのです。

何を選んでも中途半端で、消化不良な感じを抱えてしまう。

それが、自由のネガティブな側面です。

納得がいかない

たとえばフレンチを食べに行ったら、そこでの満足感は大きいでしょう。与えられたものを、ゆっくり、一皿一皿食べていくことで満たされていきます。ところが、食べ放題では、それほどの満足感が得られないことがあります。

ビュッフェなどでは、それこそ和洋中、いろいろなジャンル、いろいろな種類の食べ物が並びます。食べ放題となれば、いくら食べてもいいわけです。

「あれも食べたい」「これも食べたい」と目移りして、実際に、手当たり次第に食べたとしても、全部を食べられるわけじゃない。そうなると、満足感どころか、消化不良のような感覚になることがあります。

「いいなあ」とは思うんだけど、満たされない。

選べる自由があるからこそ、何を選んでも納得がいかない。それは、選ばなかったほうに、思いが残ってしまうからです。

「別の選択があったんじゃないか」

「もっとこうしたら、よかったんじゃないか」

そんな気持ちを抱えて、あきらめがつかないのです。

「あきらめ」というのは、「しかたがない」と思いきることです。

選択肢がなければ、それしかなかったわけですから、あきらめがつきます。

けれども、選択肢が多ければ多いほど、あきらめがつかない。思いきることができなくなってしまうのです。

ここに苦しみが生まれます。

そして、そのまま、時間だけが過ぎ去っていくような気がします。

「本当に私は、これでよかったのか」と思いながら生きていくわけです。

納得感がないまま、リアリティがないまま、後悔し続けながら生きるという苦しみほど、つらいものはありません。

それが、たとえば結婚だったら、どうでしょう?

昔ならば、よくも悪くも、結婚したら一生添い遂げる、同じお墓に入る、という前提がありました。少なくとも、そのつもりで結婚したわけです。

それが、離婚してもいいとなると、「本当にこの人でいいのか」ということが、結婚する前はもちろん、結婚してからもつきまといます。

あきらめがつかないまま、ずっと中途半端な気持ちで、とりあえず、その相手とつき合ったり、結婚したりしてしまうわけです。

これは仕事、職業に置き換えても、同じ状況が起きています。

いまの20代の人は、転職はしなければいけないくらいに考えるようです。それをすることで、自分の価値が高くなると思っていることもあるし、転職しないのは転職できるだけの価値がない人間だと思われてしまう、と考える人もいるそうです。

そうなると、視線はいつも外を向いています。

結婚にしても、仕事にしても、次の人、次の場所に気をとられてしまうのです。

それでは、コミットメントができません。

「コミットメント」の意味は、「責任をもって関与すること」ですが、「コミットメントできない」というのは、要するに「腹が据わらない」ということです。

腹が据わっていない人とは、会社のほうでも本気で関係性をつくろうとはしないでしょう。

転職し放題、離婚し放題。イヤだと思ったら、もう3日で捨てる。

これが、選択肢が増える苦しみです。

向き合っていない

書道教室に来るお母さんたちから聞かれて、びっくりしたのが、

「うちの子は大丈夫でしょうか?」

という言葉です。

「大丈夫」というのは、危険なことや心配なことがない状態、状況のことですが、それを言いきれる状況なんてありません。

「うちの子は大丈夫でしょうか?」という言葉は、言い換えれば、

「私の子育てはあっていたでしょうか?」

「私の選択は正しかったでしょうか?」

というようなものです。

人生に正解なんてありません。逆に言うなら、不正解もない。

それなのに、自分の選んだものに腹が据わらない、というのは、ずっと消化不良のまま、永遠に苦しみが増え続ける、ということです。

昔は、選択の自由が圧倒的に少なかったので、子どもは育ててあげなければならなかったし、勉強をさせるしかなかったし、勉強の方法は学校に行かせるしかなかったわけです。

でも、いまは選択肢があります。

勉強しなくていい、学校には行かなくてもいい、という選択もあるわけです。

僕の息子も登校拒否で1年間、学校に行かなかったんですが、そのあとで、学校ではなく、自分の家で勉強することを選択しました。

「そのほうが効率がいいと思う」と言われて、いまはそこまで選択できるんだということを実感しました。そして英語を必死で勉強して、自らアメリカ留学を選択して、カリフォルニアの私立高校へ進学しました。

腹を据えるとか、覚悟するということがずっとできないまま、

「このままでいいだろうか、このままでいいんだろうか」

「この選択は合っているんだろうか」

というのは一種のモヤモヤ病で、これに苦しんでいる人は多いでしょう。

それでも、一点に決めた人はまだ楽です。

心理学で、「プラスとプラスのコンフリクト」というのがあります。

「コンフリクト」というのは、葛藤、衝突、対立と訳されます。

どういうことかと言えば、選択肢にプラスのものが多ければ多いほど、ストレスが高まるということです。

コンフリクトには「混乱」という意味もあるのですが、選択肢がなければ、それを選ぶしかないわけで、ストレスもなければ、混乱することもないでしょう。

たとえば、ショートケーキとチーズケーキとシフォンケーキがあったときに、そのどれもが大好きとなったら、どれを選んでも、後悔が残るでしょう。

ショートケーキを選んでも、心のどこかで、「でもシフォンケーキも食べたかったな」と思っている。どこかで後悔が残っているわけです。

モテる人はつらい、ということがあります。

モテる人は選択肢が広いので、誰を選んでも、「あの人のほうがよかったかなあ」と思ってしまいます。

選ばなかったほうに目が向いているので、自分の選択を信じることができません。

それでは、いつまでたっても自分が選んだ人とは向き合えないし、向き合っていないものからは何ものも生み出すことはできないでしょう。

「大丈夫」という状態を求めていながら、現実には、そこからどんどん遠く、離れたところに行っているわけです。

答えのある世界

人生には正解がないとお話ししましたが、正解があった時代もあったのです。

たとえば、

「庭付き一戸建て」

「ロレックスの腕時計」

「いい大学」

「嫁たるもの」

など、昭和の頃には「みんなが求めるもの」がわかりやすかったように思います。

みんなが聖子ちゃんカット。

みんなが同じリクルートスーツ。

答えがあった時代から、多様性の名の下に、お手本や答えが増えすぎて、「答えのない世界」ができたとも言えます。

そうして考えてみると、そもそも、この宇宙に「答え」はありません。

つまり、宇宙の観点では、答えはないのです。

それこそが究極の自由で、みんなが求めてきたものだと思います。

たとえば、フランス革命は、自由を求めて起きたのです。

村社会がイヤで、田舎から都会に出た人も多いでしょう。

自由の女神、自由な国、アメリカに憧れた人もいたはずです。

女性たちは、キャリアウーマン・ブームが来て、「いい娘」「いい嫁」「いい母親」の呪縛《じゅばく》から解かれて、自由に働くことを選択できるようになったのです。

キャリアウーマン・ブームの次は、インフルエンサー・ブームが来て、「自分でもフォロワー数を1万人いけるかも？　10万人いけるかも？」という時代が来ました。個人でも活躍できる時代がやってきたわけです。

パンドラの箱が開いたのです。

憧れの象徴だった「自由」が手に入ったのです。

ところが、実際に「自由」と言われたときに、こんどは「選べない」という苦しみが来たわけです。

一般に、書道教室で言うと、ずっとお手本が正解で、答えは1つです。

「先生が偉いです」「先生が答えを持っています」というのが、お手本です。

そして、「答えを持っている先生（お手本）」に近づいたものが昇級、昇段します、ということになっています。

でも、書道は、もともと答えはなかったんです。自由なんです。

それで、学校でお手本（正解）が絶対的だと思ってきた生徒さんたちに、「どうぞ、ご自由に」と言うのですが、そう言われても、「どうしていいかわからない」のです。

それで、「お手本ください」となるのです。

つまり、みんな「お手本」に縛られたい。

僕の友達で、結婚していない女性がいるのですが、彼女の愚痴《ぐち》が面白いんです。

「私のところに、結婚した女友達が夫や子どもの愚痴を言ってくるの。夫がまじめで、遊びに行かせてくれないとか、子どもの塾がどうしたこうしたとかで、大変だって言うんだけど、私からしたら、自慢にしか聞こえないんですけど」

というわけです。

「私なんて、彼氏もいなくて、ずっと一人暮らしなのに」と嘆くのです。

「自分で、お金も時間も自由に使えていいじゃないか」と慰《なぐさ》めたら、

「もう自由に疲れたの、私を縛《しば》ってほしい……」と言っていました。

考えてみると、人間というのは、「かまってほしい」と「ほっといて」の間を、ずっと揺れているような気がします。

なかなか、ちょうどいいところに収まらない。

自由というのは、ある側面から見ると、とても不自由です。

たぶん人間には、自由すぎない、ちょうどいい縛りというものがあるのだと思いま

す。僕はずっと、そこを進んできたように思っています。

書道にはルールがありますが、それをちょっと破ったり守ったり、伝統と革新を、どちらも行き来したりということができたわけです。

ときには荘厳《そうごん》な伝統の中でスッと書くこともあれば、突然やんちゃで無茶苦茶で、ケチャップで書く、というようなこともありました。

自由な世界と、決して自由とは言えない伝統の世界。

その両方で遊べる、というのが、もしかしたら真の自由なのかもしれません。

でも、それは僕だけに許されていることではなく、誰でも、心は自由です。

ワクワクしていれば、それは、自由だということです。

第4章

消えない不安

あおられてる？

ネガティブ情報が洪水のように入ってくることが、苦しみが増えているという話を前でしましたが、では「情報」は悪いのかというと、そうではないでしょう。

プラスの情報も、当然あります。

- どこに転職するか
- 結婚生活をどうするか
- 子どもはどこの塾に入れるか
- どこの国に住むか
- それらをいつにするか

……などなど、選択肢が多いことで助かることもあります。

けれども一方で、ネガティブ情報がどれだけ増えたかを冷静に考えてみると、たとえば、その1つに「将来のお金問題」があります。

30年先の年金を本当にもらえるのか、その金額はいくらか、それで果たして、老後を暮らしていけるのか。検索すればするほど、将来が不安になってきます。

昔は、そんな将来のことなんて考えていませんでした。昭和の時代、30年後の年金について心配する人は少なかったはずです。

さらに江戸時代、戦国時代、縄文時代までさかのぼっていけば、それこそ誰も30年後のことなど考えていなかったでしょう。織田信長の時代は「人生は50年」ですから、自分が生きているかどうかすらわからない先のことに、思いをめぐらす必要もなかったのです。

それが、いまや人生100年時代です。

いま50歳だとしても、あと50年あります。40歳なら60年です。

その何十年もある未来のことの全部に、ネガティブ情報が入ってきます。

「膝が痛くなりますよ」とか「年金は破綻しますよ」とか「シワも増えますよ」とか、そのほか子どもの問題、介護の問題、お金の問題、人間関係の問題が次々と与えられる。ネガティブ情報が洪水のように流れてくるわけです。

そこで、不安をあおられて対策をするというのがマーケティングです。

不安をあおるのが商売の鉄則です。

「そのままだと危ないですよ」と不安をあおって、

「いまのうちからジムに行きましょう」

「サプリメントを飲みましょう」

「投資しましょう」

ということを、優しい顔して提案してきます。

しかも、大量に。

しかも、インターホンを押すことなく。

スマホの中に、ズカズカ入ってくるわけです。

スマホに届く広告の数々。

「どうして、自分のことをこんなにも知っているのか？」

と思うほどです。

最近、僕のところには脱毛の広告がよく入ってくるんですが、そう言えば以前に一度、「脱毛」という言葉を検索したことがあったことを思い出しました。

自分でも忘れていているようなことを、スマホは覚えているわけです。正確には覚えているのはスマホではありませんが、大事なことは、僕たちの生活はそれだけの情報が届くように仕組まれているということです。

そうなると、どこに行っても「脱毛」がついてきます。

「みんな、脱毛してますよ」

「脱毛しないなんて信じられない」

と言われているような気持ちになって、だんだんと、「あれ？　なんか毛が生えているのは恥ずかしいことなの？」と思うようになります。

実際に、ちょっと髭《ひげ》が伸びたり、いままでまったく気にしていなかった眉毛なんかも気になるようになって、とうとう眉毛剃りを買って、使ってみたほどです。

それまでは気にもしていなかったことが、たった一度、その言葉を検索した結果、眉毛が生えている自分がイヤになってしまったんです。

これが「脱毛のネガティブ」、つまり情報のネガティブです。

知らなくてもよかったものが、自分の中に、当然のように入り込んでくる。それによって感じるネガティブが、じつはとても多いというのが、いま僕たちが生きている世界の現実と言えるのではないでしょうか。

争いの歴史

ネガティブは、知らないうちに入り込んでくる。

そこが、ネガティブの困ったところです。

知らず識らず入り込んできて、役に立つものもあるかもしれませんが、よく考えたら「知らなくてもよかった」ということもあります。

たとえば、まったく知らない地域の交通事故や殺人事件、戦争のニュース。

そんなものはいらない、と言ったら語弊《ごへい》があるかもしれませんが、あまりにも自分とは無関係なニュースというのが多すぎるのではないでしょうか。

日本中、世界中、ネガティブな事件は起きています。

そして、それが、まるで身近に起きたことのように繰り返し繰り返し報道されているわけです。

繰り返し報道される事件、事故、戦争、飢餓《きが》、対立……こうしたネガティブから、自分を守ることはできるのか？

と考えてみると、じつは僕たちは本来、ポジティブより、ネガティブのほうが好きなのだということに気づきます。

たとえば『古事記』。文字通り、日本の古代の出来事が記されたものです。

『古事記』のエピソードは、かなりネガティブ。

アマテラスが天岩戸《あまのいわと》に立てこもった事件。これは、いまで言う、ひきこもりです。

その原因となったスサノオの乱暴狼藉《らんぼうろうぜき》。後にヤマタノオロチという大蛇をやっつけてヒーローになりますが、ただの暴れん坊です。

こうして見れば、神様たちは、怒り狂ったり、閉じこもったりで、トラブル、ネガティブのオンパレード。

さて、これは日本だけではありません。たとえばギリシャ神話となると、浮気と嫉妬でドロドロ。同じくトラブル、ネガティブのオンパレード。

仏様の世界はどうかと言えば、それこそヒエラルキー（階層構造）で、「釈迦如来《しゃかにょらい》」「阿弥陀如来《あみだ》」といった「如来」がトップで、「菩薩《ぼさつ》」はその下、さらに「不動明王《ふどうみょうおう》」などの「明王」、「大黒天《だいこくてん》」「毘沙門天《びしゃもんてん》」など「天部《てんぶ》」の神様と続きます。

「阿修羅《あしゅら》」は天部の神様で、帝釈天《たいしゃくてん》との戦いに破れて天界《てんかい》を追われ、「修羅界」を形成することになります。そのエピソードから受ける印象は情緒不安定で、もしもメンタルクリニックにかかれば、自律神経失調症と診断されたかもしれません。

ネガティブ・ランキング

神様の歴史は、そのまま人間の歴史です。

ネガティブで、心の病も激しい。ある意味で、それは人間に課せられた永遠のテーマと言えるのかもしれません。

そこに現代ならではの苦しみが加わっている——ということがあるのではないでしょうか。

現代ならではの苦しみとは、「情報」です。

それこそ、毎日、いつでも、さまざまなニュースが流れてきます。

ニュース番組は視聴率が高いのですが、そこでしていることは何かと言えば、世界中、もしくは日本中から集まったネガティブ・ランキングを発表しているだけなんです。

ランキングには、よりインパクトの強いものが上がってきます。10位より下は、情報としては弱いわけです。

小さなケンカや揉めごとはランキングには入ってこないでしょう。また、ポジティブ情報もランキングには入りにくいのです。

やはり、数あるトラブル、ネガティブの中で、いちばん視聴率がとれるものを取り上げるのが、ニュース番組のつくり方です。つまり、もっともネガティブなものを報道しているのが、ニュース番組だというわけです。

そのことを知らないと、そこで流されることしか起きていないような気になってしまう。ネガティブなことしか起きていないように思ってしまうでしょう。

でも実際には、ネガティブもあれば、ポジティブもある。悪いことも楽しいこともある。対立もあれば、仲直りもある。病気になったという人もいれば、病気が治ったという人もいるわけです。

人間の世界として見てみると、そうしたことが無限にあります。

人間だけじゃない。

鳥の世界を見ても、よくカラスとトンビがケンカしています。

猫の世界では、縄張り争いなんて、しょっちゅうです。

どんな世界も見まわしてみると、トラブルだらけです。

あなたのまわりでも、たとえば親と揉めていたり、親戚との関係がうまくいっていなかったり、ということはありませんか。

社内でのトラブル、取引先とのトラブル、業界内でのトラブル……数え上げていけば、トラブルはキリがありません。

そうしたトラブルの中のすごいトラブルが、ネガティブ情報の上位ランキングに入り、ニュースとなって僕たちに届くわけです。

そんな世界で、僕たちは生きています。それはもう、ネガティブになるしかない世界、不安になるのも当然の世界、と言えるんじゃないでしょうか？

安心したら終わり？

僕たちが生きているときに、何を最優先にするかと言えば、危険情報です。
生物として命を守らなければならないので、当然のことでしょう。
それだけを見ても、人間というのは、いかにネガティブかということがわかります。
「危険」はネガティブの究極です。
それを察知したら、最優先で回避しなければなりません。
あるいは、命を守るものを最優先で選択する、ということもあるでしょう。
たとえば、いま目の前に大好きな人がいて、大好きなチョコレートがある。
そこにトラが襲ってきたら、あなたはどうしますか？
大好きな人やチョコレートより、ともかくトラ対策、となりますよね？

いまの僕たちの生活というのは、ずっと、その状況が続いているようなものです。「トラが襲ってくる」と同じくらい、命に関わるようなことが次々に起きて（いるような気がして）、安心して、大好きな人とチョコレートを楽しむどころではないわけです。

もしもベンチャー起業の経営者なら、もっと厳しく、もっと頻繁《ひんぱん》に、トラ情報に見舞われます。

業績を伸ばすのは当然のこととして、銀行や株主に対して報告しなければいけなかったり、人材確保、人材育成に苦労したり、ということもあると思います。

安心したら終わり、というようなことがあるわけです。

経営者ならずとも、もしも3日くらい、すべてを忘れられたらいいな、と思いませんか？

「トラ情報ばり」のネガティブ情報が、次々に入ってくるのを、シャットダウンするのも、自分を守るためには必要かもしれません。

それで僕は、ＳＮＳ絶ちを試してみました。

すると、静けさが戻ってきたのです。

SNSからは、さまざまな情報が得られるし、いろいろな人とつながることもできます。でも、気づいたら、一日のうちのかなりの時間を、そこに費やしてしまうこともあります。

それによって安心を得られる人もいるかもしれませんが、安心を得られる一方で、知らず識らず、不安をあおられている、ということもあるわけです。

いずれにしても、ネガティブ情報から、ある一定期間だけでも解放されたら、どうでしょうか。

ヨーロッパの人たちですごいなと思うのは、バカンスを1か月、2か月の単位でとるじゃないですか。日本では、そういう習慣がありません。それこそ3日休むのも考えてしまう、という人も少なくないでしょう。

たとえ3日休んだとしても、その間すべてを忘れて、ポジティブでいられる、ということもないようです。

どこか、いつも仕事に追われているようなところがあるように思います。

それでも、ともかく、とりあえず3日、仕事や情報から離れてみるのです。

最初は焦ったり、落ち着かなかったりしますが、その状況を続けると、3日めくらいには、「あれ？」ということが起きてきます。

情報が入っていなくても、焦っていない自分に気づくのです。

「トラ情報」が入ってきたら、まずは身の安全を確保することは大切です。

でも、その情報ばかりに気をとられてしまうと、大好きな人との時間や、大好きなチョコレートを楽しむことが、ないがしろになりがちです。

心を休めることがとても大切なこととわかっていても、なかなか難しいのが現実です。

命に関わる恐怖

原始時代は、ヘビやトラ、雷、その他よくわからないものに「襲われる恐怖」がありました。それとともに、「飢餓の恐怖」もありました。

どちらも命に関わる死の恐怖です。人間には、この恐怖が、ずっとあったわけです。

いまでは日本にいて、餓死することも、ヘビやトラに襲われることもほぼなくなりましたが、僕たちは、それにかわる恐怖に脅かされているような気がします。

たとえば、お金の問題で言えば、世界恐慌、年金破綻、物価上昇、円安、インフレなどなどがありますが、いずれにしても、いつもお金が足りないと言われてばかりです。そして、ウイルス。それこそ、コロナ禍のここ数年は、命の危険を感じながら、毎日、これについての情報を受けとってきたわけです。

情報は、危険情報を最優先にするのが大前提ですが、この数年は、特に、そうした怖い情報が増えました。日本中、世界中の人間が、ネガティブに陥っていると言ってもいいほどです。このような状況で、ポジティブになるなど無理な話です。

ウイルス、戦争、不景気、その他、右を向いても左を向いても、ネガティブなことしかありません。さらに、年をとることで膝や腰が痛くなったり、心配も増えるばかりで、いいことは何一つない、という人も少なくないでしょう。

ところで僕はマッサージが好きなのですが、人は、「肩こり」という概念ができてから、肩がこるようになったそうです。

たとえば、アフリカの人には「肩こり」の概念がなくて、マッサージを受けて、「肩がこってますね」と言われて初めて、肩こりを知る、ということがあるようです。

肩こりは、認識していなければ、それに気づかないわけです。

肩だけでなく、マッサージにいくと、全身がこっていたことに気づいたりします。

「こってますね」と言われると、「そうかな」と思いますが、マッサージでは、「歪《ゆが》んでいますね」も、よく言われます。

ずっと左右対称で動いていなければ、左右どちらかに歪むのは当然です。

危険なことや、からだが疲れていることなどは、もちろん、それを知ることで助かることは多いでしょう。

そして、生きていれば、問題は出てくるものです。

でも、その問題が悪いわけではありません。

問題はあって当然のもの。

人間だから、いろいろ、つまずくことだってある。

肩もこれば、からだも歪みます。

トラに襲われることも、パンデミックが起こることも、ないとはいえない。

その前提があって、そうした問題をどうとらえて、どのように生きていくのか、ということです。

当たり前のことですが、不安を持ちながら、安心することはできません。

では、どうしたら安心して生きられるのかと言えば、「その信号は本当なのか」を知ることです。

いまの日本で、トラが襲ってくることはほとんどないというのは、前でお話しした通りです。それなのに不安を感じてしまうのは、昔の名残の「脳の不安システム」がシステムエラーを起こしている可能性があります。

客観的に見てみれば、それが今すぐ来る脅威《きょうい》でないことがわかる。

それを知ることです。その不安は、いますぐの不安ではないこと、すぐに来る脅威ではないことを知って、この瞬間に、安心してください。

いつ来るかわからない不安は、とりあえず手放していかないと、安心を手に入れることは、なかなか難しいのです。

第5章

油断大敵

無意識に入り込む危機感

たとえば、円安になっているという情報は、あなたにとって、どれだけ影響があるでしょうか。

仕事の業種や資産内容によって、それによって大きな損失が生まれる、逆に大きなビジネスチャンスにつながる、ということはあるでしょう。

でも、個人の話で言えば、それほどの影響はありません。

たまたま海外に行く予定でもあれば、なんとなく損をしたような気分にはなりますが、日本で、いつも通りに生活していたとしたら、それを感じることはほとんどないでしょう。

逆に、約10年前には「円高」が大問題として連日、ニュース、報道がありました。

円安と同様に、突然、明日の生活に困るようなことが発生したりということはないわけです。

でも、いまの時代、円安となったら、それがニュースとして、何度も何度も報道されます。

それによって、「これはまずい」という気分になります。

たとえば、「物価が上がっている」というニュースも同じ。実際に「上がってるな」と感じるのと、それを何度も報道されるのとでは、受けとる僕たちの気持ちは、ぜんぜん違います。言うまでもなく、後者のほうが「まずい」と思うし、がぜん、「節約しないといけない」「この先どうなるんだろう」というような危機感が、自分の中に入り込んできます。

同様に、政治家の汚職とか株の暴落、最近の若者の実態、老後の必要資金などなど、実際には、自分とそれほど関係のないことも、報道されれば、思わず、「油断大敵！」と身構えてしまう。そんな状況にはまっているのが、今です。

警戒警報がピーピー、ピーピー、絶えず鳴っているような中で、僕たちは暮らしているわけです。

では「ニュース」や「情報」は悪いのか？

繰り返し書いているように、それが悪いわけじゃない。それによって、備えができたり、先の手立てを考えられたり、ということはあるわけです。

でも、だから何もかも、流れてくるものをすべて受けとっていいのか？　という話です。

ニュースは、1つの警告です。

「危ないよー」と言ってくれているわけです。

警告している側は、よかれと思って、それをしています。そこに悪意はないはずです。でも、無意識に、じつは不安をあおっているだけ、ということもあります。

そうした不安をあおる人がいて、結果、不安をあおられる人たちができる。これが「ネガティブ」が蔓延《まんえん》する原因です。

この仕組みで何が問題かと言えば、不安をあおる人たちは、たいていの場合、正義の名の下に、それをしていることです。

「あなた」のために、「みんな」のために、あえて、それを教えているのです。

「危ないよー」という人たちの声は大きいものです。

反して、「大丈夫じゃない？」という人たちの声は小さい。そのために、大きい声のほうが注目され、それによって、無意識のうちに、世の中は危機感にさらされている、というわけです。しかも、スマホの普及により量が増幅しています。

ネガティブの現状

「ネガティブな人」の声は大きい。

不安をあおる人は、じつは怒っていたり、焦っていたりします。

そういうとき、声は大きくなりがちです。

それに対して、「大丈夫だよ」と言う人は声が小さい。大声を出す必要がないからです。

しかも、「危ないよー」と言うより、「大丈夫だよ」と言うほうがリスクは大きい。「大丈夫だよ」と言って、大丈夫でなかったら、うそつきになってしまいます。だから人には言わず、だまっているに限ります。

本当に「大丈夫」と思っているので、焦ってもいません。

だから、あえて、焦っている人に「大丈夫だよ」と言うこともしません。

そうなると、ネガティブな人の声だけが世の中に広まっていく、という仕組みができていきます。これが、この世の中のネガティブの現状です。

この現状を把握しない限りは、絶対にポジティブになれません。

ネガティブ情報があふれている、この世界から抜け出さない限り、もしくは、この世界を俯瞰《ふかん》できない限り、「大丈夫ですよ」「安心していいですよ」という情報は、ひっそりと身を潜《ひそ》めています。

「日本の将来は安心です」

「あなたの老後は何の心配もいりません」

などと言う人はマイノリティです。

保険会社の人が「うちの保険に入っていれば安心です」と言うことはあります。

たとえば2つの道があって、「こっちのほうが安心ですよ」ということは実際にあるかもしれませんが、純粋に、100パーセント、それを保証してくれる人はいないわけです。

なかには、そういう人がいる可能性もなくはありませんが、ほとんど目立たない。その人の声に耳を貸す人はいないのです。

なぜなら、大丈夫だと言われるより、危ないと言われるほうが説得力があるからです。

この世界は危険で、対策しなければならないことだらけです。

少なくとも、僕たちは、そうして、保険に入ったり、対策グッズを買ったりするわけです。そうして、この社会は成り立っています。

つまりは、資本主義の闇《やみ》が、ここにあります。

不安をあおる人と、あおられたい人がいる(これが資本の成長エネルギー源になっています)。じつは、どちらも不安でたまらない。

ここから抜け出すことはできるのか。これが僕たちの課題です。

失う恐怖

不安をあおっている人は、自分がそれをしていることに気づいていません。

前でもお話ししたように、正義の名の下、よかれと思って、それをしています。

「世の中のため」「人のため」「あなたのため」と思っています。

でも、そんな人こそ、不安に陥《おちい》っていることがわからないのです。

不安をあおる側と、あおられる側で分ければ、人間の社会の仕組みは、不安をあおるほうが力を持てます。

かと言って、不安だから力を持とうとしているわけではありません。

力を持つことで、なんとか不安から逃れたいと思っている。

なぜかと言うと、力を持ちたいと思うのは、不安の裏返しだからです。

それがなければ、自分は負けてしまう、と思うのです。

「負けないために」

「馬鹿にされないために」

「やられないために」

力が欲しいと考えるわけです。

「力」は、「権力」だったり、「お金」だったりします。

権力やお金さえあれば、不安から逃れられると思うのです。

でも実際は、権力やお金を持てば持つほど、不安が増えていきます。

たとえば、ホームレスの人には、お金がなくなる怖さというのはありません。

ホームレスを40年やっているという人と話したことがあるのですが、持たない生活に不安はないと言っていました。

お金を持っているから、それを失うことが怖くなるのです。

地位が上がれば上がるほど、そこから落ちる恐怖が生まれます。

「自分には価値がない」

社会には、そう思わせるメッセージがあふれています。

「あなたは、そのままじゃダメだよ」というのが、メッセージの基本と言ってもいいほどです。

そんな中で、「ありのままでいいんだよ」「あなたは、そのままで価値があるんだ」というメッセージを受けとることがあるでしょう。

そういう本がブームのように流行ったこともありました。

なぜ、流行ったかと言えば、社会のシステムとは逆だからです。

ありのままではいられない現実が、あなたを不安にさせ、だからこそ、「ありのままでいい」と言われたい欲求が生まれるわけです。

酷い話

イソップなどの寓話《ぐうわ》には、道徳的教訓が付きものです。

教訓とは、将来への戒め。つまり、「危ない」という警告です。

子どものための話だからと、やさしいものと思っていたら大間違い。

僕は、『きみはすばらしい　いまのアリとキリギリス』（東京ニュース通信社）という絵本をつくりました。タイトルの通り、寓話「アリとキリギリス」を現代的な解釈で絵本にしました。

もちろん、あらすじは同じです。夏のあいだ、コツコツ働いてたアリと、遊んでいたキリギリス。寒い冬が来て、キリギリスには食べるものがありません。アリに食べ物をくれるように頼みますが、アリは食べ物を分けてはくれず、キリギリスは餓死《がし》します。言うまでもなく、遊んでいたら酷い目にあうという教訓です。

寓話「ウサギとカメ」は、明治時代の初等科の教科書に掲載されたことから広まったそうですが、そのときのタイトルは「油断大敵」でした。

まさに警告。自分を過信して油断すると、絶対に負けるはずがないものにも負けてしまうことがある、ということです。

このカメに負けたウサギには続きの物語があって、ウサギ界の恥さらしと仲間たちから追い出されてしまいます。

ちょっと寝ただけで、その仕打ち……。寓話や昔話は残酷です。

なかでも僕がいちばん酷い話だと思うのは、「浦島太郎」です。

浦島太郎は、カメを助けて、そのお礼に竜宮城につれていかれたはずです。

そこで乙姫様の接待を受けて、鯛《たい》やヒラメなんかと、おいしかったり、楽しかったり、という時間を過ごすわけです。

そして帰ることになったとき、玉手箱を渡されます。

ふつう、接待の後に渡される手みやげは、家に帰って開けるのが楽しみな代物です。

ところが、乙姫様は玉手箱を渡しながら、「決して開けてはならない」と言うのです。

「だったら渡すな」とツッコミたいところです。

結局、浦島太郎は玉手箱を開けて、お爺《じい》さんになりました。まるでホラー映画のようです。

つまり、「うつつを抜かすな」という教訓です。

お礼をもらっても、油断大敵なのです。

どんなときにも気をゆるめず、注意を怠ってはならない、という教えなのです。

気を抜いたら、ろくなことにならないという脅しです。

人間のネガティブは、いまに始まったことではなく、昔話の時代にも、すでに始まっていた、ということです。

第6章

弱い自分

ずっと教えられてきたこと

「いい子にしなさい」
「勉強しなさい」
「ちゃんとしなさい」
「がんばりなさい」

多かれ少なかれ、僕たちは、そんなふうに親や学校、社会から言われて、いままで生きてきたし、いまも生きています。

そして、
「いい子にしていれば」
「勉強すれば」

「ちゃんとしていれば」

「がんばれば」

馬鹿にされたりしない、と思っています。

きっといいことになる、と信じています。

そうなると言われ続けてきたからです。

言い方を換えれば、そう宣伝されていたからです。

でも、実際はどうでしょうか？

「がんばって、いい大学に入れた！」

「いい成績をとれた！」

「希望の会社に就職できた！」

「ケンカで強くなれた！」

「金持ちになれた！」

そうして「武装すること」で、自分の不安を消してきたのです。

社会的な地位や名誉を身につけると、不安を一瞬は解消することができます。

でも、根本から消し去ることはできません。

それは、ありのままの自分ではないからです。

お金や地位などによって、自分が武装していることがわかっているからです。

どんなに武装して、着飾っても、内側の自分は変わっていないということを知っているのです。

だから不安を一瞬は消すことができても、どこか虚しさが残る。別のネガティブが、そこに生まれるわけです。

子どもの頃から、勉強しようがしまいが、お金があろうがなかろうが、素の自分に安心できなければ、ネガティブから解放されることはありません。

自作自演スパイラル

武装している人たちが集まるコミュニティに属しているとします。

そこに集まっている人たちは、みんな「仲間」と思っています。

そこでの「評価」が、いまのあなたをつくっています。

少なくとも、あなたも、まわりも、そう思って、そこにいるわけです。

でも、失敗したり、それまで持っていたものがなくなったりすれば、そこにはいられなくなるでしょう。

仲間と思っていたのが、仲間でなくなるのです。

それまでの称賛も、信頼も、一切が失われます。

そういうとき、仲間から裏切られたような気持ちになるかもしれません。

「あいつがピンチのときには助けてやったのに、何もしてくれなかった」

そういう「あいつ」が何人も出てくるわけです。

仲間と思っていたのに、自分には誰もいなかった、と恨みますが、そういう事態を引き起こしているのは、自分自身です。

そういうストーリーを自作自演しているのです。

どういうことかと言えば、もともと不安だらけだったのを、お金や地位を得ることで、武装してきたのです。

その武装した自分のまわりに集まった人たちを、仲間だと思っていたのです。

お金や地位を失ったら、もとの素の自分に戻ります。

武装しない自分になるわけです。

当然、武装していた自分、お金や地位に集まっていた人たちはいなくなります。

でも、もともと、そんな人たちは「仲間」だったんでしょうか?

あなたの本当の仲間は、自分自身です。

あなたのありのままの姿を理解し、好きになり、応援してくれる人です。

自分が自分自身の本当の仲間になること。

それができていれば、他に仲間なんて、必要ないわけです。

もちろん、仲間は増えれば増えるほど、楽しくなります。

自分の中の「いいね」や「面白い」「ハッピー！」が増えていきます。

仲間がいなければ、それも望めない。だから、人は「仲間」を欲しがります。

そのために、また武装を強化していくわけです。

でも武装した自分のまわりに集まるのは、本当の仲間とは言えない。

本当の仲間が一向に増えていかないので、また武装して人を集めようとする。

それこそ、自作自演のスパイラルです。

お金を持てば持つほど、地位が上がれば上がるほど、そこに集まってくる人は増えますが、自分を武装している限り、苦しみは永遠になくなることはありません。

自分に打ち勝てるか？

昔の怖い言葉に、

「弱い自分に打ち勝つ」

というのがあります。

この言葉は、一見強そうで、かっこよく聞こえますが、違う側面から見れば、ただのパワハラです。

「パワハラ」は和製英語で、厚労省では、次の3つの要素を満たす言動を、職場におけるパワハラだと定義しています。

❶優越的な関係に基づいて（優先性を背景に）行われること

❷業務の適正な範囲を超えて行われること
❸身体的若しくは精神的に苦痛を与えること、または就業環境を害すること

英語では「ハラスメント(harassment)」で、その意味は「いやがらせ」。力を使って与える、もしくは与えられる苦痛が、ハラスメント=パワハラです。

「弱い自分に打ち勝つ」というのは、まず「弱い自分」という前提があります。

それをがんばって、「強い自分をつくった」。弱い自分に打ち勝って、強くなったわけです。自分にとっては、やり遂げたような気持ちで、自分は変わることができたと思えるかもしれません。

でも、「強くなった自分」の中に、じつは「弱い自分」が生きているんです。

弱い自分は永遠に生き残って、死なないのです。

殺そうとしても、それはできません。

弱い自分の存在は、隠したり、消したりすることはできないのです。

遺伝子のデータを書き換えたり、記憶のメモリを消去したりするシステムなんてありません。

ずっと「弱い自分」を踏みつけたまま、「強い自分」で生きていくことになります。

本当は、怖がっているのです。

社会に出て、人前では自信満々で、多くの人から信頼され、「かっこいい」と言われるような、そんなポジティブな人が抱えている闇が、ここにあります。

この仕組みを知って理解することです。

「弱い自分」も、それに打ち勝った「強い自分」も、自分です。

どちらかを隠したり、消したりする必要はないわけです。

強い自分も弱い自分も同じ自分なら、それを認めることです。

おたがいの存在を認め合えたら、両者がぶつかることはありません。仲良くやっていけるはずです。それをどちらか一方だけを認める、つまり、どちらか一方はダメだと思うと、バランスが悪くなります。

強い自分はよくて、弱い自分はダメだとしたら、ダメなほうを消したい気持ちになります。それが「葛藤」というものです。

葛藤は、自分の中で戦争が起きるようなものです。

究極の戦争――そうなったら行き着く先は、自我の崩壊です。

葛藤に気づき、調和すること。

それをすることで、自分が自分に仕掛けたハラスメントから解放されるのです。

知ることの意味

「弱い自分」を違う言葉で表すと、その1つに「インナーチャイルド」があります。

直訳すれば、「自分の内面にいる子ども」で、子どもの頃の負の記憶や感情そのもの。それが表に出ないように、ずっと自分で抑えつけてきたのです。

多かれ少なかれ、子どもの頃のネガティブな思い出が誰にでもあるでしょう。

親や先生、友達に言われたり、されたりしたことが、心の傷として残ってしまうことがあります。そして、苦しみの根本を探っていくと、「インナーチャイルド」にそれがあった、ということがあるわけです。

自分の苦しみのもとを知ること。それが、この本『ネガティブの教科書』の目的であるとも言えます。

長いあいだ、蓋《ふた》をしてきたものを開けるのは、ちょっと勇気がいります。

でも、思いきって、自分が、どんな自分を抑え込んできたのかを見てみるのです。

実際に見てみると、案外、「なんで、これを怖がっていたんだろう?」ということもあるものです。「弱い自分」は、「ダメなヤツ」ではなく、「かわいいヤツ」と思えるかもしれません。どちらにしても、すべては自分の分身です。

弱い自分も、強い自分も、自分です。

自分の中には、いろいろな自分がいるものです。

その一人ひとり、もしくは、自分という人間の1つひとつの面は、家族や社会との関係性によって生まれた「葛藤」の結果です。

たとえ解決策は見つからなくても、構造を理解するだけで、「あ、そっか」と思えることがあります。それが大事なことだと思っています。

自責の念

自分の弱さを知ることで、反省したり、後悔したり、ということがあるかもしれません。

それが高じて、自責の念にさいなまれる、なんてことになったら、それこそネガティブの極みです。

「自責」とは自分自身を責めること。

「念」とは、「今の心」で、強い思い。

「さいなまれる」とは、厳しく咎《とが》められることです。

余談ですが、漢字には意味があると思うのですが、たとえば「感謝」は「謝り」を「感じる」と書きます。

「謝る」は、あやまちや失礼を詫《わ》びて、許しを請うことです。
感謝に、なぜ「謝る」が入るのか。
そこには、意味があると思うのです。
過去を振り返るときに、後悔することはあるでしょう。
それは悪いことではない。
反省することは、とても重要で、
「あれは申し訳ないことをしたな」
「あんなことをして傷つけてしまったかな」
と思って、それが改善につながるなら、それはとてもいいことです。
でも、それが、自分を責めるばかりになったら、どうでしょう。
自分を責める後悔は、毒薬です。
あまりに強すぎると、自分をつぶしてしまうかもしれません。
後悔したり反省したりするとき、自分を責めるようになったら、控《ひか》えめにしておきましょう。

「取り返しのつかないことをしてしまった」というようなときには、冷静に、客観的に、「自分のしたこと」を見てみることです。

失敗したとしても、それを後悔するでもなく、責めるでもなく、客観的に、事実として見てみるのです。

「次は気をつけよう」

「こんどのときは、こうしよう」

と前向きに反省できれば、それでＯＫです。

反省は、一見ネガティブですが、改善につながれば、ポジティブになる。

ネガティブは、じつは変幻自在です。

第7章

怒りと抑制

自分を守る行為

怒りを感じない人はいません。

感じやすい人と、感じにくい人はいるかもしれません。

僕は、もともと怒りにくいタイプですが、それでも人間だから、もちろん怒るところはあると思います。

たとえば、とつぜん人に抱きつかれて、嫌がっているのに、それをやめてくれないと怒りだすかもしれません。

イヤなことをされたら、猫だってシャーッとなるし、犬はガルルーとなります。

イヤなことをされたら、動物だって、人間だって、怒りを感じるものです。

しかし、人間社会においては、怒りを表に出さない。すぐに怒るような人は、おとなげない、感情的な人だと見られる、ということがあります。

それは、僕は悪いことだとは思いません。

社会の中で、全部に怒っていたら、自分も、まわりも、つらくなるだけです。

ここで大切なのは、「NO」が、すべて怒りになったら大変だということです。

怒りというのは、「NO」と言っているのに、それが伝わらなさすぎて、初めて表に出るものです。

「NO」はイコール「怒り」になるわけじゃありません。

怒りは、自分を守る行為。防御反応です。

たとえば、自分の何かを脅《おびや》かされそうなときに、怒ることで、それと対峙する。

そういう仕組みが、僕たちには備わっているということです。

その瞬間は、アドレナリンがバーッと出て、血圧も上がります。

顔は赤くなり、表情は鬼のようにもなります。

犬や猫といった動物だけでなく、鳥や虫も、怒ります。

なのに人間だけが怒らないというのは、あり得ません。

何をされても怒らないという人がいたら、逆に変だと思いませんか?

人でも、ある状況でも、自分がそれを受け入れられれば、たとえ多少は腹が立ったとしても、怒りは抑えられるでしょう。

けれども、受け入れられないことだってあるはずです。

本当は受け入れられないのに、怒りだけは抑えようとすると、それこそ怒りの感情が心の奥底に溜《た》まり、そのまま澱《よど》んで、思いもよらないところで、それが噴き出してしまうということがあるかもしれません。

アンガー・マネジメント

心理学では、「怒りは第二感情である」ということがいわれます。最初に怒りを感じるのではなく、まずは、その前に別の感情（第一感情）があって、そこから次の段階として、第二感情の怒りになる、というのです。

たとえば、それを説明するのによく使われる例としては、迷子になった子どもが見つかったときの母親の心情、行為があげられます。

子どもが迷子になったら、母親は心配でたまりません。それが見つかって、ともかくホッとします。これが第一感情です。ですが、次に、「こんなに心配させるなんて！」という怒りの感情が湧《わ》いて、子どもを厳しく叱ったりします。

つまり、怒りの感情が湧くまでには段階があって、それは制御することはできるのではないか、として、その方法を示すのが「アンガー・マネジメント」です。

アンガー・マネジメントの具体的な方法は、いくつもあります。

その1つに、怒りを感じたら、「6秒、待ちなさい」というのは、その基本とも言うべき対処法です。

「1、2、3、4、5、6」

6まで数えると、気持ちが落ち着いて、怒りが収まると言います。

もしも怒りやすい人がいて、そういう方法で、怒りを制御できるのであれば、それは悪くありませんが、「制御」が無理やり我慢して、自分の中に抑えこむということになると、それは違うと思います。

前で話した通り、怒りは誰にでもあるものです。

怒ってはいけないとなったら、大変です。だから、怒りたいときには怒ってもいい。

けれど、怒らないですむなら、それに越したことはないですよね、という話です。

怒りのピークは6秒待てばしずまるということを知っているだけでも、楽になれるでしょう。

僕が今、怒りを感じにくいのは、怒る環境にいないからだと思います。

人は不安を感じると、怒りやすくなります。

不安が少ない人は、怒りにくいのです。

怒るときというのは、余裕がないときです。

「危ない！」と思ったときには、思わず声が大きくなります。

余裕のあるときには、「危ない」とは思わないものです。

不安が大きいとき、ゆとりがないときは、怒りやすくなります。

いまは時代的に余裕がないし、ネガティブな情報が洪水状態だから、怒りやすくなっている、ということはあると思います。それを無理にコントロールすれば、それこそ無理が出てしまうでしょう。怒りを感じたとき、それを抑えこむのではなく、怒りを感じている自分を受け入れることです。

怒りの理由

不安なときほど怒りやすくなるという話をしましたが、もう1つ、怒りを感じるときがあります。

それは、期待が裏切られたときです。

たとえば、コンビニの店員の態度が悪くて、腹が立ったということがあります。

なぜ腹が立ったのかと言えば、「店員さんは態度がいいはずだ」「自分によくしてくれるはずだ」と期待していたからです。

それが海外だったら、たとえ店員の態度が悪くても、そこまで怒りを感じることはなかったのではないでしょうか（海外では態度がよくない店員さんは普通なので）。

また、不快に思うことも、人は慣れてくると怒らなくなるものです。

同じことをされても、怒ったり、怒らなかったりするのは、そこに何かがあるのです。その何かとは、「期待」と「～べき」です。

「店員さんはニコニコするべき」「お客の自分に親切にするべき」と思っていたのが、そうでなかったことに腹が立ったのです。

たとえば怒りやすい夫は妻に、

「妻なら夫の自分を立てるべき」「妻なら家事をするべき」

などと期待しているのです。

昭和のお父さんは、仕事から帰って、ごはんができていなかったり、お風呂が沸いていなかったりすると、「なんで、できていないんだ」と怒ったものでした。

いまは、もしかしたら夫と妻の立場は逆転しているかもしれませんが(笑)、どちらしても、相手に対して期待していることを、期待した通りにしてもらえないと、怒りがムクムク湧いてくるわけです。

「べき」をはずす

ネガティブな人を目の当たりにしたとき、その人のネガティブに巻き込まれず、自分の心を保てるようになるためにも、ネガティブについて深く知るということは、大事なことだと思います。

ネガティブは、「〜べき」から始まる。

僕が怒る環境にいないというのは、自分の中から、できるだけ「〜べき」をはずしてきたからです。

家族に対しても、仕事で関わる人たちに対しても、たとえ「変なこと」があっても、それは「面白い！」と思ってしまう。すると、腹も立ちません。

ちょっと承認欲求が強い人がいても、「ああ、承認欲求が強めの生物だ」と思う。面倒くさい距離まで近づかなければ、それでいいわけです。

ときどき、想像を絶するような人と会って、びっくりすることはあります。

それでも、相手との距離がきちんと保たれていれば、その人に影響されるようなことにはなりません。

少しスピリチュアルな話になりますが、波動が安定していると、そういう人を引き寄せなくなります。

僕は怒らないタイプだとお話ししましたが、怒らせるような人と会わなくなったと言うほうが正しいかもしれません。

それは、僕が偉いのではなく、ただ、そういう人を引き寄せなくなったということだと思います。

そうした波動をつくるのは自分次第です。

たとえば相手に対して、どこか敵対していたり、評価したり、馬鹿にしたりしていると、相手も自分に同じことをします。

だから僕は、誰に対しても、リスペクトと感謝波動を出します。仕事の関係でも、一緒に遊んでいる波動を出すので、全部の人と遊べる、というのもあります。どんな人にもジャッジをしないというのが、僕のアンガー・マネジメントとしてあるかもしれません。

第8章

義務の呪縛

呪縛の始まり

あなたにある「義務感」が、ネガティブを生んでいるということがあります。

これが「義務の呪縛」です。「義務感」すべてが悪いというわけではありませんが、人が義務感で動くときには、消極的な行動になりがちです。

人間というのは、積極的に動いているときには、苦しみというのは感じにくいものなのです。やる気になっているので、前のめりです。

「なんとしても、これをやりたい」

「これを成し遂げたい」

というアクティブモードのときには、「義務感」でしている、ということはまったくないはずです。

「義務感」というのは、「なきゃ」です。

「会社に行かなきゃ」

「メール返さなきゃ」

「感謝しなきゃ」

「稼がなきゃ」と、こうして並べるだけでも、ちょっと苦しくなってきませんか？

こうなったらいいな、ああなったら楽しいなとワクワクするときは、そこに苦しみはありません。

たとえば、あなたに「いつか自分の本を出したい」という夢があったとき、夢は楽しいものです。

「本を出したい！」と思って、行動できるのです。

ところが、「本を出さなきゃ」となった途端に、苦しみが始まります。

「出さなきゃ」「売れなきゃ」と思いながら、うまく行動できない、行動してもうまくいかない。焦りが出て、楽しかったはずの夢が、自分を縛って、苦しめるのです。

「なきゃなきゃプログラム」

「苦しい」のもとには、じつは「なきゃ」があります。

つまり、義務感です。

ここで、ちょっと「義務感」について哲学してみましょう。

義務感とは、別名「なきゃなきゃプログラム」です。

まずは、この「なきゃ」が、いつ生まれたのかを考えてみます。

たとえば赤ちゃんのとき、「なきゃ」はあったでしょうか?

「ミルク飲まなきゃ、あ、でもママは忙しいかな」

「ハイハイのやり方、間違ってないかな。うまくやらなきゃ」

「そろそろ、つかまり立ちしなきゃ。でもやりたくない〜」

なんてことは、赤ちゃんは考えていないはずです。

そう、赤ちゃんに義務感はない、と言っていいでしょう。

では、いつから義務感が始まるかと言えば、「早く、ごはんを食べなさい」とか「歯磨きしなさい」「勉強しなさい」など、命令されたときではないかと僕は見ています。

「～しなさい」というのは、自分のペースを乱すものです。

突然、自分のペースじゃないときに命令されることで、義務感が発生するのです。

たとえば、ゲームをしている子には、「ゲームをしなきゃ」という義務感はありません。だから、夢中になる。

ところが、それを命令された途端、絶対にやりたくないものに変わるのです。

「ゲームしなさい」

「エロ本読みなさい」

「髪染めなさい」

と言われたら、それは「やらされるもの」になるのです。「義務感」には、「驚くほどモチベーションを下げる」という効果がある、ということです。

子どもにとっての義務感を見てきましたが、では、大人はどうでしょうか。

親から「~しなさい」ということは言われなくなって、義務感から解放されたでしょうか。

もちろん、義務感がゼロという人は、ほとんどいないでしょう。

でも、あらためて、いまの人生を見直したとき、どれだけ「義務感」が頭の中にあるかを調べてみると、その多さにびっくりするはずです。

朝から始まる

まずは朝、目覚めた瞬間から、義務感は始まります。

「起きなきゃ」

「目覚まし、止めなきゃ」

「窓、開けなきゃ」

「布団、干さなきゃ」

起きてから出かけるまで、どんでもない数の「なきゃ」「なきゃ」の連続です。

あらためて振り返ってみると、自分がそうしたいと思ってしていることなんて1つもない、と言えるくらいです。

「着替えなきゃ」

「仕事に行かなきゃ」

「電車に間に合わせなきゃ」

と「なきゃ」は、まだまだ続きます。

すぐに対策できるのはいいですが、

「あ、電球が切れてるから替えなきゃ」

「洗濯機も、そろそろ買い替えなきゃ」

といったものは、「なきゃ」の保管庫に残されていきます。

以上は、日常においての義務感ですが、さらに高度な「なきゃ」には、人としての義務感も加わります。

「いい人でいなきゃ」

「感謝しなきゃ」

こうなると、もう「つらい」「苦しい」しか、そこにはありません。

ところで、地球上で、このように「なきゃ」が多いのは、人間だけです。

チンパンジーやイルカは頭がいいと言われますが、「なきゃ」で生きているとは思えません。

「いいイルカにならなきゃ」なんてことはないでしょう。

「キューキュー、この鳴き方じゃダメだ、もっと練習しなきゃ」とか、「将来のために、もっと狩りがうまくなんなきゃ」とかはないわけです。

人間だけにそれがあるとしたら、脳が発達しすぎて、「なきゃ」「なきゃ」が増殖していると言えます。

そして、これが、じつは「苦しみ」の大きな原因なんです。

義務と感謝の関係

ここで「なきゃ」のない世界を想像してみましょう。

たとえば朝、目覚めた瞬間から、世界は変わります。

「朝だ。生きてる。起き上がりたい♪」と思って、起きるのです。

起き上がりたくて起きるので、それに続く行為も、すべて積極的になります。

「朝の空気、吸い込んじゃお♪」「今日は何を着ようかな♪」

「メイクは何色系がいいかな♪」「顔を洗って、すっきりしたい♪」

もしも、こんな朝が迎えられたら、どんなに素敵なことでしょう。

「なきゃ」が、ほぼゼロに近づいて、「出かけたくて出かける」「仕事をしたくて仕事をする」「人に喜ばせたくて行動する」

となっていきます。

これは、ある意味で理想です。「なきゃ」の世界から見ると、なかなか、そうはいかないでしょう。それはともかく、「なきゃ」がなくなって、義務感がはずれると、そこに感謝が生まれるのです。

喜んで給料をもらい、喜んで家に帰る。

そして、寝たくなって寝て、また朝を迎える。

そこには感謝しかありません。「感謝」は、義務からは生まれません。

「感謝しなきゃ」と思っても、本当の感謝にはならないと、僕は思っています。

義務感がなくなると、感謝が増えていくのです。

言うまでもなく、感謝の多い人生は幸せです。

自分の中から「義務感」をはずしていく。

自分の生活、考え方を少しずつ改善したら、あなたの人生は一変します。

知らず識らずのうちに、幸運体質になっている、ということが起きてくるのです。

変化を恐れる

「義務感」の重さが、モチベーションを下げます。

いまの若い人たち、それ以前の僕の世代も含めて、現代人は、モチベーションが低いということがあります。

昭和の時代、それに続くバブル景気の時代には、がんばった先には報酬なりの見返りがありました。つまり、がんばりたくて、がんばっていたわけです。

その意味で、少し歴史的に振り返ってみるなら、江戸時代に寺子屋に通っていたのは、勉強したい子どもたちでした。今風に言えば、意識高い系の子たちです。

寺子屋では、基礎的な読み方・習字・算数の習得に始まり、儒学書、歴史書、古典などがその教科書に使われて、実生活に役立つ学問が指南されたといいます。

そして時代は、明治に移って、ワクワクして文明開化を果たしたわけです。

バブルの時代に、「24時間、戦えますか」というコマーシャルがありましたが、いまならパワハラ、ブラックです。でも、当時は義務感で戦っていたわけではなかったのです。若い人たちには信じられないかもしれませんが、戦いたかったから、戦っていたです。バブルという時代は、みんなが興奮していた時代です。24時間、戦っていたのは、興奮していたからです。

江戸時代から昭和だけを見ても、義務感より、ワクワクがあったと思うのです。

いまがつらいのは、そのワクワクがないことです。

たとえば会社で、管理職になったところで、大変なことが増えるだけだと思いませんか？

昭和の頃には、庭付き一戸建てのマイホームが夢の1つでしたが、「庭付きなんて、掃除だけでも手がかかってしまう、と思うのではないでしょうか。

昇進したら、どうなるか？　収入が増えたら、どうなるか？

家庭を持ったら、どうなるか？　子どもを持ったら、どうなるか？
その先の情報を知ってしまうので、ワクワクできないのです。
そうなると、行動はどんどん狭まっていきます。
事なかれ主義になり、その挙げ句に世界的なパンデミックが起こり、人々は、より
ワクワクがしぼみました。

第9章

混乱の時代

大変革の今

いまは、どういう時代か。

その受けとめ方は自由ですが、人類史上で見た場合、

「初めてのことだらけ」

というのは否定できません。

たとえば、実際に、こんなにも女性が働く時代はなかったでしょう。

世界の情報が、これほど入ってくる、ということもなかったし、宇宙に目を向ければ、科学はこの100年で一気に進歩しました。

ブラックホールの写真が撮れたり、量子力学が進んだことで、原子以下の世界の振る舞いがわかってきました。

ＡＩが出てきたり、もちろんインターネットの普及、発展については言うまでもないでしょう。

人類史上、いまこそが「革命の時期」です。

これまで農業革命、科学革命、産業革命、そして情報革命など、僕たち人類は、大きな変化、変革を経験してきました。

そして、僕たちの、この10年だけを見ても、そうした大変革以上の変革が起きているといっても過言ではありません。

変革があれば、混乱が起こるのは当たり前のことです。

自分自身にも、自分がいる世界にも、これまでには考えもしなかったことが起こっていくわけです。

「わけがわからない状態」というのが、いまなのです。

きちんと色分けされていたものが、かきまわされて、ごちゃ混ぜとなります。

静かで落ち着いた状態から、濁流《だくりゅう》並みの動きに驚くこともあるかもしれません。

狭い場所なら、隅々まで知っていたのが、とつぜん世界が広くなって、そのために戸惑ったり、混乱したり、ということがあります。

その中で、あなたは、どう生きていきますか？

混乱の時代だからこそ、安心を求めるのも人間です。

どういうふうに自分は安心を求めるのか、それを、どう生きるのか、ということは、自由です。

答えのない多様性の時代に不安にさいなまれて生きるか、ワクワクして生きるかは、あなた次第です。

腹を決める

いくらでも選択の余地がある、というのは、それこそ答えのない世界です。

答えのない世界は、何を選んでもいいわけですから、とてもよいことに思われます。

けれども、そうとは言い切れない。そのことを、これまでの章を通して、僕はずっとお話ししてきました。

答えのない世界は、どのような答えを出しても、どこか消化不良のような気持ちになります。

そして、この消化不良の状態が苦しいのです。

これを解消させるには、いったんは腹を据えて、

「誰が何と言おうと、これに決める」

という覚悟が必要です。

「覚悟」は、「悟り」を「覚える」と書きます。

覚悟ができると、積極性が生まれます。

そうすると、「義務感」がなくなります。

「面倒くさい」が減ります。

かわりに、

「やらせていただきます」

「喜んでお仕事させていただきます」

というような、積極的でありながら謙虚《けんきょ》な気持ちが芽生えるのです。

たとえば僕は書道家ですが、

「墨を使わせていただきます」

「書かしていただきます」

「個展をさせていただきます」

という気持ちで、仕事をします。

「いただきます」の後には、「喜んで」または「有り難く」という言葉（感情）が含まれています。それが、やりがいであり、生きがいになります。

そこに、感謝が生まれます。この状態は、僕にとって最もよい状態です。

絶対の安心、安定があるので、ノイズ（雑音）もなければ、迷いもありません。

欲もなければ、期待も、義務感もありません。

ネガティブでもなく、ポジティブでもなく、「中庸《ちゅうよう》」になるでしょう。でも、そこにはエネルギーが湧き起こっています。

こうなる方法を教える場もなければ、術もありません。

感謝というのは、教えられてするものではないからです。

だから、まずは腹を決める。それがスタートです。

悩み方の理想

「腹を決める」と決めても、それがうまくいかず、人は悩みます。

悩みとは何かと言えば、迷っている時間の長さです。

たとえば、ショートケーキかチーズケーキか。どちらを選択するか悩むとき。

どちらにするのか、その迷っている時間は、楽しいはずです。

すぐに、パッと「ショートケーキ！」とか「チーズケーキ！」と決めてしまったら、面白くありません。

2つを並べて、「どっちにしようかな」と言っているうちは、楽しい時間です。

つまり、迷うのは、ネガティブではないのです。

ところが、

「いまの季節なら、ショートケーキかな。苺がおいしい時期だし、いつもより、苺が大きめな感じがする……。でも、このチーズケーキは捨てがたい。これを食べなかったら、夢に出てきそう。でも……」

などと言い始めると、ちょっと苦しみが襲ってきます。

これが、たとえば5分続いたら、苦しくなってくる。

ケーキを買うお店の中だと店員さんも、イライラし始めます。

一緒に食べる人たちの中だと、「いいかげんにしろ」という無言の圧力がかかってきます。もしかしたら、無言でなく、もっとはっきり怒られるかもしれません。

最初は楽しかった迷いの時間に、コンフリクト（葛藤）が生まれるのです。

葛藤は、マイナス同士で起きることもあれば、プラス同士で起きることもあるのは、前でお話しした通りです。

おそらく5分くらいが経過したあたりで、プラスとプラスのコンフリクトが起き始めて、それを3時間やったら、もう地獄です。

3日たったら、ケーキは、もう腐っています。

ケーキなら笑い話ですが、じつは、「悩んでいる人」というのは、3日たっても答えを出せないということを、ずっとやっているのです。

選べない苦しみを抱えているわけです。

悩みというのは、時間が長ければ長いほど苦しいのです。

それでも、ようやく決められたとしても、この千変万化の諸行無常の世界では、「もう遅い」ということがありがちです。

チェスでは、「5秒で考えた打ち手」と「30分で考えた打ち手」の86パーセントは同じ打ち手である、という「ファーストチェス理論」というのがあります。

時間をかけてもかけなくても、同じ手になるなら、さっさと決断してしまうほうがいいでしょう。少なくとも、苦しみは切り上げられそうです。

何が正解か？

悩むのが悪いわけではありません。

迷いと悩みには、境界線がありません。前でお話しした通り、迷っているうちは楽しい時間です。でも、そこに苦しみが入り込むと、悩みになっていく。それが悩みのつらいところです。

「悩」という漢字には「凶」が入っています。「選べない」のは、選択肢が無限に増えた、この時代ならではの苦しみかもしれません。

煩悩《ぼんのう》とは、「心身につきまとって人を悩ます欲望」「迷いのもと」ですが、「選べない」のは、まさに「欲」が邪魔しているからです。

そこに「義務感」が加わると、まさに苦しみはエンドレスとなります。

しかしじつは、どんなに選択肢が多くても、最後は2つのうちのどちらかなんです。

なにかネガティブなことが起きて、それに対してどうしようかと考えたときに、どれだけ悩むのか、悩まないのかは、選択肢を絞ることが、その分岐点になります。

たとえば、職場にパワハラの上司がいるとします。

なんとも困った状況です。

これを解決するために僕が考える選択肢は、ざっくり分けると、

---

❶パワハラ上司につき合う（我慢する）

❷腹をくくって、パワハラ上司に直談判する（抵抗する、戦う）

❸会社から逃げる（転職する）

いま選択肢は3つになっていますが、「もう耐えられない」と思っているとしたら、❶は消えてしまう。おのずと2つに絞られます。

自分の選択に自信がない場合には、他の人に話をしてみるのもいいでしょう。

どちらにしても、「どれが正解か？」と悩むわけですが、どんな答えを出したとしても、「正解」はないんです。言い方を換えれば、どれも正解、です。

なぜなら、どれもやってみないとわからないからです。

辞めることが正解かどうかなんて、永遠にわからないことです。

我慢してみたら、意外に我慢できるかもしれません。

我慢しているあいだに、会社が変わったり、上司が変わるかもしれません。

そんな経験が、後に活きることもあるかもしれません。

これで終わり

「今回は、これでいきます」と決めたら、それをやるだけです。

たとえば前の「パワハラ上司が職場にいる」というケースで言えば、行動としてやるべきことは、「我慢」「戦う」「辞める」の3つに絞られています。

次の選択は、「辞める」と「辞めない」の二者択一です。

だったら、ショートケーキかチーズケーキか、と同じです。

執着がなければ、選ぶのは簡単です。

サラダのドレッシングを選ぶときに、誰もがその場で簡単に決められるのは、そこに執着がないからです。何が何でも、「これでないと困る」ということは、たいてい、ありません。選んだ結果、多少の後悔はしたとしても、「次のときはこうしよう」と思っていればいい。これは、人生を通じて、共通することです。

人生には、正解はない。いや、わからない。わからなくていいんです。

なのに、たいていの人は、答えはあると思っています。

正解があり、間違いがあると思っています。

でも昔からの言葉の通り、「人間万事塞翁が馬」です。その人にとって、何が幸せになり、何が不幸になるかは予測できない、ということです。

正解、不正解が、白と黒に分かれてなどいないのです。

道は無限にあります。どれが正解かは、行ってみないとわかりません。

行った先が、いきなり崖《がけ》になっていることもあるかもしれません。

そのまま落ちてしまうこともあるでしょう。それが悪いかと言えば、落ちた場所に、とんでもないお宝があることもある。つまりは、悪いこととは限りません。

そういうことがわかっていると、あまり悩まないでいいわけです。

人生は、悩もうと思えば、キリがありません。そして、悩んでもいい。

おわりに――「ネガティブ」に愛をこめて

「そもそも、ネガティブって何だろう?」

ということが気になりだしたことが、この本の始まりでした。

ネガティブより、ポジティブのほうがいい、と考えられがちですが、現実の僕たちの世界はネガティブなことだらけです。

そんな時代に、ポジティブにしなさい、と言われても困ります。

困るどころか、危険です。

考えてみると「ネガティブなのは当然だよね」と、いまさらながらに思うことばかりだった、というのが、今この本を書き終えての結論です。

もしも、あなたがネガティブだとしたら、それは、あなたのせいではないということとです。

いま僕たちが生きている、この世界、この時代がネガティブなんです。そして人間の脳は、構造として、ネガティブにできているから、ということもあります。ただし、その構造を理解して、ちょっとずつハックしていけば、ある程度は、苦しみをコントロールできて、ポジティブになれます。

本文でもお話ししたように、仏教は中庸を大事にします。

ポジティブになろうとか、ワクワクしようとかなんてことは、仏教では言っていません。さらに意外なことでいえば、感謝しよう、とも言っていません。

だからといってネガティブでいい、ということでもなく、仏教では、中庸であることを良しとしています。

ポジティブでもなく、ネガティブでもない、真ん中を知ることが大事。

僕は、10年前には『ポジティブの教科書』(主婦の友社)を出して、昨年には『ありがとうの教科書』(すばる舎)を出しました。ポジティブ系に寄っていたのが、この『ネガティブの教科書』を書くことで、よいバランスがとれたように感じています。

この本を手にとってくれたということは、あなたにも、同じようなことが起きているのかもしれません。

ネガティブについて考えてみる、そのタイミングが今だったということです。

少なくとも、僕にはそうだった。

この本で、僕は、あなたに、「ポジティブになってください」ということを言いたいのではありません。

ポジティブになることより、ネガティブであることを受け入れること。

そこからスタートしてほしい。

「自分は不安なんだ」ということを受け入れる。

「自分は怒っているんだ」ということを受け入れる。

もしも、それをしてもらえたら、僕にとって、この本は大成功です。

自分がネガティブなことを受け入れて客観的に見られるようになると、ポジティブ変化がしやすくなります。

つまり、1つの事象に対して、「これをネガティブにとらえていたんだ」と思えると、ポジティブの側面からも見られることに気づくのです。

それには、「ネガティブ」を客観的に受けとめるということが重要です。

自分のネガティブに気づいたら、まずは、それを観察します。

そのネガティブとは、何なのか。

それがわかれば、受け入れやすくなります。

人は、理解できないものを受け入れるのは難しいですが、理解できれば受け入れられるということがあるものです。

ネガティブを受け入れられたら、それはもう、ネガティブでなくなっている可能性があります。いつのまにか、ネガティブに思っていたことを、ポジティブに受けとれるようになっていたということがあるわけです。

たとえば病気になったとき、ネガティブにとらえていたのが、「病気になったからこそ気づけた」ということがあります。すると、ネガティブだったはずの「病気」に対して感謝が生まれます。

ネガティブに感謝すると、陰と陽が混じって光となる。

それこそが、「ネガティブ」の極みと言ってもいいものです。

ネガティブを理解し、受け入れられるようになると、自分だけでなく相手のネガティブに対しても受け入れたり、スルーしたりができるようになります。

ネガティブを受け入れて感謝すると、からだも楽になります。

感謝状態でいると、自律神経が安定して血流がよくなり、免疫力が上がることが最新の研究でわかっています。

「ネガティブ」ということに、僕たちは、つい焦ります。

社会は、まだまだ、ネガティブはダメだということになっているので、そこにポジハラ的なことが起きるのです。

ポジハラは、ポジティブハラスメント。ポジティブ思考や行動を、知らず識らずのうちに押しつけられている、ということがありませんか？

そんなネガティブな自分に対して、ネガティブに見ている時点でネガティブです。

でも、本当のポジティブは、ネガティブに対してラブなんです。

ネガティブをラブリーに思えるようになると、ちょっと気持ちが楽しくなります。

ネガティブに気づくたびに、少しでもその面白さを感じてもらえたら幸いです。

この本ができるまで、きずな出版の岡村季子さん、松本一希さんをはじめ、たくさんの方たちにサポートしていただきました。心から感謝申し上げます。

そして、あなたに、最後まで読んでくださって、ありがとうございました。

武田双雲

著者プロフィール

武田双雲 Souun Takeda

書道家。現代アーティスト。

1975年、熊本県生まれ。東京理科大学理工学部卒業。3歳より書家である母・武田双葉に師事し、書の道を歩む。大学卒業後、NTT入社。約3年間の勤務を経て書道家として独立。音楽家、彫刻家などさまざまなアーティストとのコラボレーション、斬新な個展など、独自の創作活動で注目を集める。2013年には、文化庁より文化交流使の指名を受け、日本大使館主催の文化事業などに参加し、海外に向けて、日本文化の発信を続けている。2019年元号改元に際し、「令和」の記念切手に書を提供。ベストセラーの『ポジティブの教科書』（主婦の友社）をはじめ、『丁寧道』（祥伝社）など、著書は60冊を超える。
◆公式ホームページ　https://souun.net/
◆公式ブログ【書の力】　https://ameblo.jp/souun/
◆LINEブログ　https://lineblog.me/takeda_souun/

ネガティブの教科書
気持ちが楽になる生き方

2023年3月31日　初版第1刷発行

著者　武田双雲

発行者　櫻井秀勲

発行所　きずな出版
東京都新宿区白銀町1-13
電話03-3260-0391　振替00160-2-6333551
https://www.kizuna-pub.jp/

印刷　モリモト印刷

ブックデザイン　鳴田小夜子（KOGUMA OFFICE）

イラストレーション　風間勇人

編集協力　ウーマンウエーブ

ISBN974-86663-199-8